MENUS PROPOS

THÉATRE DE LA RENAISSANCE

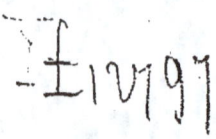

Quelques hommes haut placés dans le culte de la musique, ont conçu le projet de former, à Nantes, une Société, qui a pour but d'acheter le Théâtre de la Renaissance, et de l'exploiter au point de vue lyrique.

Comme on le voit, il y a là deux faits distincts : d'une part, *l'achat d'un immeuble devenant une propriété commune;* d'autre part, *une entreprise artistique et industrielle.*

Il importe, selon nous, d'examiner très-sagement ces deux faces de la question, et pareille étude sera, pour nous, d'autant plus facile à faire, avec toute l'impartialité qu'on est en droit d'exiger, que nous ne

C.

tenons ni de près ni de loin à quelque intérêt que ce soit engagé dans cette affaire, si ce n'est par des liens bien naturels, c'est-à-dire par les sympathies que nous ont toujours inspirées les œuvres de nos grands maîtres, malheureusement délaissés de plus en plus, et par l'ardent désir, qui seul nous anime, de voir renaître enfin ces soirées si précieuses auxquelles chacun aspire, surtout après un aussi long abandon, et alors que toujours le cœur et l'esprit ont besoin des bienfaisantes émotions que les arts peuvent si puissamment fournir.

Avant d'entrer dans l'examen que nous nous proposons, qu'il nous soit permis d'exprimer tout d'abord les regrets très-profonds que nous avons éprouvés, en ne voyant pas se grouper autour du premier noyau, qui s'est en quelque sorte improvisé pour imprimer un commencement d'élan au projet précité, tous ceux qui par leur position spéciale dans les arts, par leur influence personnelle pleinement justifiée par un passé si méritant et si honorable, auraient donné à la Société qui se constitue un éclat, un point d'appui et un supplément de force, qu'elle se voit obligée de rencontrer elle-même dans ses propres limites. Son grand développement et son vaste succès auraient pu être *immédiatement* dus à la *multiple* et énergique protection de *tous* les amis sincères de la résurrection de l'art musical dramatique à Nantes.

Ce ne sont là que des regrets..... Uniquement des regrets, et non point une critique déguisée, car nous savons toujours respecter les vues et les opinions de chacun en toute chose; mais nous n'en restons pas moins convaincu qu'il a pu néanmoins arriver que des idées trop vagues, des erreurs ou absences d'appréciations ou de calculs, causées diversement, aient singulièrement influé sur l'esprit de quelques personnes, et que, par suite, la tiédeur se soit substituée à l'empressement.

C'est donc pour essayer de mettre le tableau dans son vrai jour, que nous soumettons à nos concitoyens, sans aucune espèce de passion, ni de parti pris quelconque (qu'on veuille bien ne pas l'oublier), les réflexions et les raisonnements très-simples que notre sujet semble comporter *tout naturellement,* on pourrait même dire *inévitablement.*...............

. . . .

. . . .

Après ces quelques lignes de préambule, rapidement tracées pour bien définir le terrain sur lequel nous avons à demeurer, abordons la question, et cherchons à la voir sous tous ses aspects.

Nous avons dit, en commençant, que la Société qui se constituait pour exploiter le Théâtre de la Renaissance, offrait à la discussion deux grands points que nous rappelons :

1º l'Achat d'un immeuble devenant une propriété de la Société ;

2º L'entreprise artistique et industrielle.

I.

ACHAT DE L'IMMEUBLE

Cet achat devant s'effectuer pour la somme de 250,000 fr., divisée en 500 actions, à raison de 500 francs. — Chacune de ses actions représente *un cinq centième de part* de propriété de l'immeuble, et c'est avec cet élément de calcul, combiné avec les avantages concédés à chaque action par l'acte social, que nous avons à apprécier quelle est la position *immédiatement faite, ou ultérieurement réservée par telles ou telles éventualités,* à tout porteur *d'une seule action ou de plusieurs*

En un mot, faisons d'un seul coup le bilan de la Société vis-à-vis de ce Titulaire d'action, comme le bilan de ce même Titulaire vis-à-vis de la Société. A cet effet, comme dans toute opération financière il vaut mieux voir les choses du plus mauvais côté, admettons le plus fâcheux avenir et les hypothèses les plus désastreuses pour l'entreprise, afin qu'on ne nous accuse pas d'optimisme et d'engouement. Nous parviendrons peut-être mieux ainsi à donner aux incrédules une légère teinte de confiance, en même temps que l'envie d'approfondir les propositions *sérieuses et loyales* qui ont été formulées et soumises publiquement à tous les Souscripteurs.

En conséquence, mettant les choses au pis, nous déclarons *hypothétiquement :*

1º Qu'aucun bénéfice ni intérêt n'est possible pendant deux années ;

2º Que tout le capital sera absorbé à cette échéance ;

3º Que la Société ne pourra marcher que deux années ;

4º Que la liquidation sera forcée dans deux ans ;

5º Que même l'immeuble aura perdu, *alors,* 50 % de sa valeur d'achat, et plus, si on l'exige.

. . . .

Nous ne croyons pas qu'on puisse s'exprimer d'une façon plus hostile et plus antipathique contre une Société, qui pourtant est née et se poursuit dans des conditions d'honorabilité et de constitution artistiques dignes d'un peu plus d'égard. — Peu importe, attaquons-la précisément au point où toute Société est vulnérable, et où celle-ci a été très-présumablement attaquée par ses ennemis, quelqu'inconnus ou circonspects qu'ils soient. . . . .

Les hypothèses sus-énoncées étant posées, établissons le compte d'un Actionnaire, *en divers sens.*

TABLEAU A.

Compte d'un Actionnaire, sans aucun abonnement quelconque, à la Renaissance.

On lui doit pour le montant de sa créance-action......		500
On aurait à lui compter pour sa part de la liquidation de l'immeuble......	250	
Au cas : 1° Où la valeur de l'immeuble et de ses accessoires aurait diminué de 50 % de son prix d'achat et améliorations foncières comprises ; 2° Où l'Actionnaire-Créancier n'aurait jamais usé ni de la réduction de moitié prix par places successives et diverses à occuper, ni de la réduction du prix d'abonnement *ordinaire*.		
La balance en perte de ce compte A serait donc de......	250	
	500	500

Mais disons de suite que cette dépréciation de cinquante pour cent est hors de toute raison. Quel est, en effet, le spéculateur, même le plus timoré, qui n'achèterait pas pour 125,000 fr. l'immeuble dont il s'agit ?

En outre, disons que cette situation faite par le compte ci-dessus est une exception qui ne se présentera présumablement jamais. tant il serait étrange de voir un Actionnaire demeurer exclusivement Créancier, c'est-à-dire n'usant d'aucun des priviléges qui lui sont acquis. La perte sus-indiquée s'atténuera donc d'autant plus qu'il profitera desdits priviléges. –

TABLEAU B.

Compte d'un Actionnaire, sans abonnement, mais assistant à 5 représentations par mois, à son choix; soit à 40 représentations pour chaque campagne de 8 mois, et occupant un fauteuil coté 4 fr.

On lui doit pour le montant de sa créance-action....................................		500
Il aurait à payer pour la 1re année 40 représentations, à 4 fr............................	160	
Do do 2e année 40 représentations, à 4 fr..............................	160	
Mais par sa position d'Actionnaire, il a droit aux réductions suivantes ·		
Pour la 1re année, sur 40 représentations....		80
Do 2 année do do		80
On aurait à lui compter, pour sa part de liquidation de la Société, au cas où la valeur de l'immeuble et de ses accessoires aurait diminué de 50 %	250	
Différence ou perte à supporter par l'Actionnaire	90	
	760	760

Mais cette perte ne résulterait que de ce qu'il n'aurait voulu profiter que *très-partiellement* de *tous* les avantages qui lui sont acquis par l'acte social.

TABLEAU C.

Compte d'un Actionnaire avec abonnement
ordinaire à la Renaissance, *sans place réservée.*

On lui doit pour montant de sa créance-action.		500
Le prix d'abonnement ordinaire, *sans privilége*, est pour la 1re année de....................	230	
Do do do 2e année...	230	
Mais par sa position d'Actionnaire, il a droit à une réduction de moitié, pour 1re année.......		115
Do do do 2e année...		115
L'on aurait à lui compter aussi pour sa part de liquidation de la Société, au cas où la valeur de l'immeuble et de ses accessoires aurait diminué de 50 %, une somme de....................	250	
La différence, en fin de compte, ou la perte à supporter par l'Actionnaire serait donc de......	20	
	730	730

Nous compléterons les explications auxquelles tendent ces tableaux, en faisant observer que, *dans l'état actuel des choses*, soit par paiement de représentations successives, soit par voie d'abonnement, l'amateur de spectacles est appelé à une dépense annuelle bien plus forte que ne le serait la perte *variable* dont nous venons de parler.

Telles pourraient être les plus déplorables solutions de l'entreprise, qu'elles laisseraient l'action en perte *variable, mais toujours très-minime*, suivant telle ou telle position prise *volontairement* par l'Actionnaire, ainsi que l'indiquent les tableaux qui précèdent.

Mais cette perte, même très-légère, existera-t-elle bien réellement ?..... Vraiment, nous ne le pensons pas, car nous avons pris pour base d'un aléa extrême, une dépréciation de 50 %, c'est-à-dire le prix de 125.000 fr., pour revente de l'immeuble. Or, c'est là un chiffre *inférieur au prix du terrain* sur lequel ont été élevées des constructions d'une valeur incontestablement sérieuse, qu'il serait injuste de réduire à néant.

D'après les comptes divers que nous avons dressés plus haut, accompagnés de quelques commentaires qui ne nous paraissent pas discutables, il est facile de conclure :

1° Que le Titulaire *d'une action seule*, sans abonnement, mais avec le privilége de copropriété imprescriptible, n'est exposé *réellement* à perdre moitié de son capital *action* que dans le cas où l'immeuble, *vendu après deux campagnes*, ne produirait que le prix *considérablement désavantageux* que nous avons signalé, en frappant plus capricieusement que consciencieusement cette propriété d'une dépréciation de cinquante pour cent, etc.

Est-ce là raisonnablement une hypothèse à enregistrer ?.....

Nous y avons déjà répondu suffisamment.

. . . .

2° Que le Titulaire *d'une seule action, avec abonnement ordinaire*, puisera dans le privilége spécial qui lui est concédé par l'acte social, et dont il a tout intérêt à user, une atténuation de 115 fr. par an, soit de 230 fr. pour la période étudiée; et il y a lieu de tenir compte de cette remarque, puisqu'elle implique un bénéfice assuré à cette catégorie d'Actionnaires, *et ce sera la plus nombreuse.*

3º Que plus on verra les choses de près, plus on se convaincra que les positions d'Actionnaires deviendront meilleures, lorsqu'ils seront Titulaires de plusieurs actions, puisque les avantages nombreux qui s'y attachent sont de plus en plus grands aussi, jusqu'à une certaine limite. — Il suffit, du reste, de lire le prospectus qui a été distribué et imprimé dans les journaux, pour en avoir la confirmation.

4º Que si l'on réfléchit aux calculs aussi excessifs que ceux que nous avons adoptés prévisionnellement, et aussi hostiles que sont les nôtres à l'entreprise dont la formation se poursuit, on aura la certitude que nous n'avons rien dit, ni rien fait *complaisamment*, pour les besoins de la cause, comme on dit au Palais.

5º Que d'autres preuves de notre impartialité se manifesteront non moins irrécusables, quand on saura que, pour rester conséquent avec nous-même, et pratiquer de préférence des opinions pessimistes, nous avons passé intentionnellement sous silence des considérations que nous eussions dû mettre en relief.

Les voici sommairement indiquées :

1º Chaque action a éventuellement droit à 25 % des bénéfices possibles;

2º l'amortissement du fonds social s'effectuera

annuellement par voie de tirage au sort, ce qui ne peut manquer d'améliorer la situation de l'Actionnaire.

3o Plus la Société se prolongera, plus cette situation y trouvera profit, grâce à cet amortissement.

4o Enfin, il n'est pas hors de propos de rappeler que jamais, en aucun cas quel qu'il soit, un Actionnaire ne pourra être engagé au-delà de la somme représentée par le nombre d'actions qu'il aura souscrites. *(Voir la loi sur les Sociétés en commandite par actions.)*

Toutes ces réflexions devaient ici avoir leur place.

II.

DE L'ENTREPRISE ARTISTIQUE ET INDUSTRIELLE

En Elle-Même.

En dehors des considérations purement matérielles et très-sévèrement examinées, dans lesquelles nous sommes entré avec des développements malheureusement longs, mais nécessaires, nous avons à dire quelques mots sur le siége de l'exploitation, sur les causes raisonnées de sa prospérité possible, et sur les termes de comparaison qu'il est utile de faire, *de bonne foi*, à plus d'un titre.

D'avance nous connaissons les objections par lesquelles on proteste contre le Théâtre de la Renaissance. Les voici toutes, si nous avons bonne mémoire :

1o Il n'est pas central, etc. ;

2o Les abords en sont difficiles, etc. ;

3o Il n'est pas dans de bonnes conditions d'acoustique.

Répondons dans le même ordre :

1o

C'est par trop absolu de dire que le Théâtre de la Renaissance n'est pas central. Sans doute, il n'est pas à proximité immédiate de certaines parties de la ville ; mais, si l'on veut bien ne pas trop mettre de côté que le véritable centre de cette ville est plutôt la place Royale, la rue d'Orléans et leurs adjacentes ; si l'on veut bien encore kilométrer les distances respectives de ces derniers points avec la place Brancas et la place Graslin, on trouvera que les différences sont bien peu sensibles.

Et enfin, si encore on n'entend pas négliger, *d'une part*, le quartier de la rue du Calvaire et ses prolongements ou les rues qui y conduisent ; *d'autre part*, cette partie laborieuse, riche ou non, mais importante et digne d'attention à tous égards, qui réside soit au-delà de l'Erdre, soit au-delà des premiers bras de la Loire, etc.; on conviendra sans doute que dans cette zone fort étendue, se trouve un nombre très-considérable d'habitants plus éloignés du Théâtre Graslin que de celui de la Renaissance, et non moins soucieux que tous autres des représentations lyriques. Fuyons donc les dangers de l'égoïsme et d'un monopole toujours regrettable. — Nous n'obéissons là qu'à une obligation très-élémentaire et très-humanitaire.

Arrêtons-nous· sur ce dernier mot : *humanitaire,* parce que, dans la circonstance, il a une double acception qu'il n'est pas inutile de faire ressortir. Pour nous, en effet, il signifie tout à la fois et l'intérêt que nous devons tous chercher à inspirer à chaque individualité nantaise en faveur de l'art qui ne saurait exercer sur elle que la plus salutaire influence, et l'activité de travail dont les Créateurs de l'œuvre, c'est-à-dire les Actionnaires, doteraient cette grande quantité d'industriels et commerçants de tous genres, qui ne puisent leurs existences professionnelles si variées, que dans les occupations, si variées aussi, auxquelles donne jour une grande entreprise théâtrale, comme celle dont nous parlons. Ah! si nous ne redoutions pas pour ceux qui ont la bienveillante patience de nous lire, un supplément d'ennui, nous voudrions leur faire toucher du doigt tous les développements heureux dont il serait si aisé, si utile, et presque immédiatement possible d'accompagner l'entreprise en vue de laquelle nous écrivons aujourd'hui à la hâte.

Peut-être l'occasion de faire connaître ces développements se présentera-t-elle. Nous en profite-
rons.....

À propos de position centrale, un souvenir nous
vient. Il est contemporain du moment auquel le
Cercle des Beaux-Arts existait dans l'hôtel du Sport.
On disait à l'occasion de son transfert rue Voltaire :
« *Quelle étrange idée d'aller établir, en cette rue, un*
» *Cercle qui est placé d'une façon bien plus centrale*
» *dans la rue du Calvaire !!!* »

Il y eut alors une opposition et une irritation
énormes !!! Et cependant cette dernière rue n'était
pas ce qu'elle est devenue depuis..... La rue
La Fayette, la place du Palais de Justice, n'étaient
pas non plus ce qu'elles sont aujourd'hui. — Comment
et pourquoi les opinions se modifient-elles ainsi ?..,
Nons ne l'avons pas compris !

2o

Les abords sont difficiles.

C'est là une simple question de voirie, de quelques
légers sacrifices de la part des propriétaires riverains
et voisins, et la difficulté mise ici en avant est caduque
d'elle-même. Demain ces abords deviendront aussi
faciles que peuvent le désirer les plus exigeants.

3o

Il n'est pas dans de bonnes conditions d'acoustique :
Là encore rien au monde de moins effrayant que

ce petit spectre que l'on promène avec des yeux terrifiants, pour épouvanter ceux-là dont on triomphe sans peine. Il s'anéantira comme une feuille morte, dès que l'on réfléchira sur la facilité avec laquelle on peut corriger, *non pas les imperfections fondamentales de l'acoustique critiquée,* mais seulement les petits défauts tout fortuits dont on connaît et apprécie parfaitement bien les causes. Tout ennemi que l'on voit est moins dangereux que celui que l'on cherche, et partant, nuls souçis, nulles craintes de ce côté. Parallèlement aux objections dont nous croyons avoir notablement amoindri le mérite plus ou moins douteux, (si nous ne les avons pas toutes suffisamment réfutées), il est essentiel d'appeler l'attention et la sollicitude de nos lecteurs sur les avantages, incontestables selon nous, que comporte spécialement la salle de la Renaissance, sous le rapport de son *exploitation industrielle.* Sur ce chef, quelques comparaisons nous sont encore indispensables ; faisons-les :

Ainsi, supposons une grande soirée lyrique, et à plus forte raison plusieurs, où la recette sera-t-elle plus certaine d'être plus productive *même avec des prix moindres ?* Où l'homme d'affaire, qui ne sait pas toujours le matin s'il pourra disposer du soir, sera-t-il plus sûr d'avoir une place *non réservée,* pour assister à cette représentation ? Je crois que sans hésiter assurément, on peut répondre : *A la Renaissance.*

Rien de plus aisé à démontrer. La salle Graslin, en effet, a subi le sort commun à tant d'autres édifices ; *elle ne répond plus comme jadis,* aux exigences nouvelles de l'époque, c'est à dire au développement du désir de fréquentation des Théâtres, à l'accroissement des rangs des amis des arts, à l'amour du confortable qui se manifeste partout et pour tout ; puis, ajoutons ici cette observation qui n'est pas sans opportunité, c'est que les places de haut prix sont fort peu nombreuses à la salle Graslin, et, seraient elles fixées à vingt francs, elles produiraient moins que celles de la Renaissance à moitié de ce prix et même au-dessous. *Ce fait est important à noter*, car pour obtenir de grandes recettes, — et elles sont d'autant plus nécessaires qu'il s'agit de grandes représentations onéreusement montées, — *Il faut absolument beaucoup de places de toutes classes, à conditions très élevées, moyennes, et petites*, quant aux prix. Sans cette triple combinaison, toute pratique dramatico-industrielle, sera lancée dans des périls déplorables. Qui pourrait contester ?... Personne, excepté ceux qui peuvent hardiment dépenser ces 20 fr. au lieu de 10 fr., 8 fr., 5 fr., 3 fr., etc..... Or cette minorité n'est certes pas assez puissante, *à elle toute seule*, pour vivifier et rendre prospère une exploitation théâtrale.

Que de réflexions ne pourrait-on pas joindre encore à celles qui précèdent, quand on place en regard l'une de l'autre, les *capacités* respectives des deux salles !!!

Condamné à un état de choses dont l'appréciation ressort logiquement de cette comparaison, un directeur se voit obligé trop souvent, *même sous le bénéfice d'une subvention*, d'abandonner la partie virtuellement artistique de son industrie, et alors il se jette fatalement dans un repertoire de mauvais aloi, et ne cherche qu'à se sauver, *quand même,* au point de vue commercial. Heureux et bien heureux il est, quand il y réussit.

Voilà comment le goût se corrompt, comment les saines traditions périssent, comment les bonnes interprétations des grandes œuvres disparaissent, et comment végètent ou se ruinent des entreprises de Théàtre, qu'un seul homme, quelque capable et laborieux qu'il soit, ne peut ni conduire ni dominer dans la voie où chacun voudrait voir l'art exploité dignement et utilement.

Remédier à une aussi regrettable situation, à un avenir encore plus triste peut-être, c'est là un des grands besoins de notre époque, une nécessité *locale,* que nul ne peut révoquer en doute.

La société qui se forme, offre-t-elle toutes les garanties désirables pour atteindre ce but? . . . . . Nous le croyons très-fermement, et dans l'espoir que notre conviction intime, profonde, et dégagée de toute idée de coterie, sera vivement partagée, nous terminons cet exposé, — malhenreusement trop étendu pour beaucoup de lecteurs, et aux yeux de beaucoup d'autres trop imparfait en lui-même, ou manquant de cette précision et de cette forme attrayante que des plumes habiles savent si éloquemment donner à leurs pensées, — en nous résumant ainsi :

Un fonds social, d'avance acquis, présente plus

d'espérances et de sécurité que la situation contraire.

. . . .

L'honorabilité, le savoir, le dévouement, les aspirations artistiques, ne font défaut d'aucun côté . . . .

. . . .

Les éléments sympathiques pour le Théâtre ne manquent pas non plus dans notre cité . . . .

. . . .

Le lieu d'exploitation répond à tous les besoins, sous quelque rapport que ce soit . . . .

. . . .

Est-ce que la Société n'a pas un but essentiellement moralisateur, au plus haut degré, puisque par son patronage, par son progamme et par ses engagements très-bien définis, elle tendra incessamment à étouffer les dangereuses conséquences de ces ouvrages qui ne font qu'atrophier de plus en plus, dans tous les rangs, des aptitudes et des aspirations plutôt engourdies que mortes pour les œuvres belles et saines ? . . . .

Est-il possible de croire que, dans une ville de plus de cent mille âmes, il ne se rencontrera pas trois ou quatre cents personnes mues d'un assez grand amour du *bon* et du *beau*, assez dévouées à à un but aussi louable, aussi urgent même, pour s'y associer très-résolument ?

Ce serait bien affligeant, en vérité ! ! !

. . . .

Eh bien ! que manque-t-il donc à l'œuvre ? . . . . . .

Un peu de bon vouloir de la part de tous ceux qui

n'ont pas encore perdu toute affection et tout souvenir artistiques, qui se sentent disposés à coopérer à la réhabilitation du culte de la musique à Nantes, et à étudier, sans aucune fâcheuse prévention, le très-légitime mérite des propositions énoncées.

Ainsi renaîtrait et fructifierait d'une manière très-efficace, l'entraînement le plus généreux en faveur d'une entreprise à la réussite de laquelle tout le monde s'empresserait d'applaudir avec joie, *mais* pour la constitution de laquelle beaucoup trop de gens diffèrent d'apporter leur concours.

. . . .

. . . .

Encore un mot :

A côté d'une perte des plus hypothéthiques n'y a-t-il pas une compensation et une satisfaction des plus douces à inscrire, en disant que, dans la circonstance, il y a une grande et excellente chose à faire par la réunion de *tous petits* sacrifices individuels.

C'est là ce que nous avons cherché à démontrer, en payant ainsi une dette nouvelle à notre constant attachement aux arts.

Telle a été notre unique prétention.

Un Membre du Cercle des Beaux-Arts.

Nantes, Imp. Lithographique et Typographique Malnoë.

www.ingramcontent.com/pod-product-compliance
Lightning Source LLC
Chambersburg PA
CBHW030132230526
45469CB00005B/1923